Einleitung:

Glaubensbasierte Mutmachsätze sind Aussagen, die uns dabei helfen, uns selbst in einem positiven Licht zu sehen, Jesus nahe zu sein und immer daran zu denken, dass Gott uns liebt.

Wiederholen Sie die Mutmachsätze, die Sie auf jeder Seite in den bunten Kästchen finden, gemeinsam mit Ihrem Kind, um positive Gedanken in ihrem Geist zu fördern und negative Gedanken zu vertreiben.

Die Verweise auf Bibelstellen können entsprechend der von Ihnen verwendeten Bibelversion und -übersetzung abweichen.

Ich bin ein geliebtes Kind Gottes

Kurze Glaubensandachten
und Mutmachsätze

Text: Misty Black
Illustrationen: Gabby Correia

Jesus liebt mich

Ich bin ein geliebtes Kind Gottes:
Kurze Glaubensandachten und Mutmachsätze aus der Serie „Jesus liebt mich"

Originaltitel dieses Buches: I Am a Precious Child of God:
Mini Devotionals with Faith-Based Affirmations
Jesus Loves Me Series

Text: Misty Black
Illustrationen: Gabby Correia
Deutsche Übersetzung: Nadja Springer

Bei Fragen zum Copyright, Schulbesuchen oder Buchlesungen wenden Sie sich bitte an info@mistyblackauthor.com.

Library of Congress Control Number: 2024933033

Taschenbuch ISBN: 978-1-958946-12-1
Gebundenes Buch ISBN: 978-1-958946-13-8

Erste Ausgabe 2023, Berry Patch Press, LLC. Clearfield, Utah
www.MistyBlackAuthor.com

Ich widme dieses Buch meinen drei Kindern. Möget ihr erkennen, dass Jesus unser Erlöser ist und dass sein Einfluss und seine Macht von jedem gespürt werden kann, der nach seinen Lehren lebt.

—Mama

Originaltitel dieses Buches:
I Am a Precious Child of God:
Mini Devotionals with Faith-Based Affirmations
von Misty Black.

Gott ist dein dich liebender himmlischer Vater.
Du bist sein kostbares Kind.
Er hat dich aus einem bestimmten Grund erschaffen.

Erinnere dich daran, wer du bist:

"Ich bin ein wertvolles und einzigartiges **Kind Gottes**."

"Mein Leben hat einen Sinn."

Genesis 1,26–27, 1 Johannes 3,1–3,
2 Korinther 6,18, Lukas 18,16

Gott liebt uns und will für immer mit uns zusammen sein. Aus diesem Grund hat er uns seinen Sohn Jesus Christus auf die Erde geschickt, um uns von allen Sünden und dem Tod zu befreien. Deshalb nennen wir ihn unseren Erlöser.

Erinnere dich daran, welchen Plan Gott für dich hat:

"Jesus ist mein Freund und **erlöser**."

"Gott hält für mich einen besonderen Platz im Himmel bereit."

1 Johannes 4,9-10, Johannes 3,16, Johannes 11,25, Johannes 14,2-6, Johannes 15,13-15, Jesaja 12,2

Gott lässt dich deine eigenen Entscheidungen treffen. Er wünscht sich, dass du Dinge tust, die dich ihm näherbringen, aber er wird dich niemals dazu zwingen, die richtige Entscheidung zu treffen. Jesus ist das Beste Beispiel dafür, wie man gute Entscheidungen treffen kann.

Triff die richtigen Entscheidungen, indem du dir sagst:

"Ich kann **JESUS FOLGEN**."

"Ich kann das Richtige tun."

Ijob 34,4, Josua 24,15, Matthäus 25,40

Jesus hat den Preis für unsere Sünden gezahlt.
Wenn du ihn um Vergebung für einen deiner Fehler
bittest, zeigst du Gott, dass du ihn liebst
und ihm nahe sein willst.

Um aus deinen Fehlern lernen zu können,
denk daran:

"Ich kann mich entschuldigen und nochmal
von vorne anfangen."

"Gott liebt mich, auch wenn ich Fehler mache."

"Ich kann mir selbst und anderen **vergeben**."

Johannes 3,17, Jakobus 5,16, Epheser 4,32

Wir sollten Gott von ganzem Herzen lieben.
Zeige Gott, dass du ihn liebst, indem du für deine
Familie, Freunde und Nächsten da bist.

Hilf dabei, Gottes Liebe
weiterzugeben:

"Ich **liebe** Gott, und er liebt mich."

"Ich kann ein guter Mensch sein."

Matthäus 22,36-40, Lukas 6,31, Johannes 13,34-35, Matthäus 25,40

Das Leben wird nicht immer einfach sein.
Erinnere dich stets daran, dass du Gott
wichtig bist und er dich stärkt. Er will,
dass du ihm vertraust und eine Beziehung
zu ihm aufbaust.

Wir können auch anderen helfen, die uns brauchen.

Erinnere dich daran, dass du auf
Gott vertrauen kannst:

"Ich bin nicht allein. Gott wird
mir helfen."

"Ich kann andere **trösten**."

1 Petrus 5,10, Jakobus 1,2, Philipper 4,13, Jesaja 41,13

Gott hat dir einzigartige Talente gegeben, mit denen du Gutes tun und seine Herrlichkeit teilen kannst.

Erinnere dich an deine Bestimmung im Leben:

"Ich kann Gottes Güte und Gnade mit anderen teilen."

"Ich kann meine TALENTE dazu nutzen, um anderen Gutes zu tun."

Matthäus 5,16,
1 Petrus 4,10,
Galater 5,13

Gott hat dir Gebete geschenkt,
damit du jederzeit mit ihm sprechen kannst.
Du kannst immerzu darauf vertrauen,
dass er weiß, was das Beste für dich ist.

Denk daran, Gott ist immer nah:

"Ich kann mit meinem himmlischen
Vater sprechen."

"Gott hört meine **Gebete**."

1 Johannes 5,14-15, Philipper 4,5-7, Sprüche 3,5-6

Gott hat uns mit unterschiedlichen Persönlichkeiten, Fähigkeiten und Eigenschaften erschaffen. Du bist wunderbar und einzigartig. Er möchte, dass du auch denen Gutes tust, die anders sind.

Gott schätzt und liebt jeden von uns.

Erinnere dich daran, wie wertvoll du bist:

"Ich bin **WiChtig** für Gott."

"Gott liebt mich so, wie ich bin."

Psalmen 139,13-14, 1 Samuel 16,7, 2 Korinther 12,9, Matthäus 6,26-30

Gott möchte, dass du dich an dieser wunderschönen
Welt, die er für dich erschaffen hast, erfreust.
Es macht ihn glücklich, wenn wir hart arbeiten
und für die Erde und ihre Tiere sorgen.

Genieße Gottes Schöpfungen:

"Ich kann **FreUde** empfinden, wenn ich
hart arbeite."

"Ich kann liebevoll zu Tieren sein."

"Ich kann mich um die Erde kümmern."

Genesis 1,26–31, Galater 6,9–10, 1 Petrus 1,8, Kohelet 3,12

Gott wird dich niemals allein lassen.
Wenn du traurig bist oder du keinen Ausweg siehst,
wird er dir Hilfe senden. Der Heilige Geist wird dich
trösten und dich leiten, indem er dich mit Liebe,
Frieden und Dankbarkeit erfüllt.

Denke daran, dass es immer Hoffnung gibt:

"Der Heiligen Geist tröstet mich."

"Ich kann **Frieden** und Freude empfinden."

Johannes 14,26, Römer 15,13,
Matthäus 5,4, Galater 5,22–23

Das hast du gut gemacht!

Es ist wirklich schön, wie liebevoll und freundlich
du mit dir selbst gesprochen hast.
Übe weiterhin täglich deine Mutmachwörter,
damit du dir und auch anderen dabei helfen
kannst, gut zueinander zu sein und Gott
näher zu werden.

 MistyBlackAuthor.com

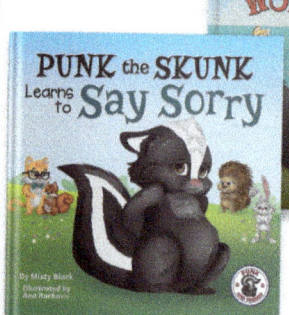 PUNK the SKUNK Learns to Say Sorry

 BRAVE the BEAVER Has the WORRY WARTS

 Can QUILLIAM Learn to Control His TEMPER?

 SLOAN the SLOTH Loves Being DIFFERENT

Can Clutz the Cat Keep Trying?

 Can GRUNT the GRIZZLY Learn to Be Grateful?

 UNICORNS, MAGIC, and SLIME, OH MY!

Grandmas Are for LOVE

When you feel Better

You Taught me LOVE

My MOM the FAIRY

Bubble Head, It's Time for Bed!

Bubble Head, HO! HO! HO! Merry CLEAN CHRISTMAS!

Bubble Head, BOO! Happy CLEAN HALLOWEEN!

THIS BOOK is your FRIEND

THIS BOOK LOVES to TRAVEL

von der Autorin Misty Black:

Als Christin und Mutter weiß ich, wie wichtig es ist, unseren Kindern die Bibel so näherzubringen, dass sie ihren Glauben an Gott vertiefen und ihre Verbindung zu ihm stärken.

Ich wünsche auch Ihnen, dass Sie während des Lesens und des Wiederholens der positiven Glaubenssätze und der Bibelverse sich selbst besser verstehen und erkennen, dass Sie ebenfalls ganz genauso ein geliebtes Kind Gottes sind. Spüren auch Sie die Liebe Jesu in sich.

Ich lade Sie hiermit ein, ihm zu folgen.

—Misty Black

Lass dir von einem Erwachsenen dabei helfen, die Wortwolken auf der nächsten Seite auszuschneiden. Hänge sie in deinem Zimmer oder vor dem Spiegel auf, damit du jeden Tag deine **Mutmachsätze** üben kannst.

Ich bin ein Kind Gottes.

Jesus liebt mich.

Ich bin glücklich, wenn ich Gutes tue.

Gott schenkte mir Talente.

Jesus ist immer für mich da.

www.ingramcontent.com/pod-product-compliance
Lightning Source LLC
Chambersburg PA
CBHW041130120626
46547CB00019B/2924